Allan Kardec

Der Spiritismus
in seinem einfachsten Ausdruck

Eine kurzgefasste Darstellung der Lehre
und der Mitteilungen der Geister

EDITION VISIONEN DIESER ERDE
Herausgegeben von Victor Rollhausen
Band 2

Überarbeitete Neuauflage
der im Verlag von Const. Delhez – Wien
1864 erschienenen Version

Copyright der deutschsprachigen 1. Auflage März 2004:
Allan Kardec Studien- und Arbeitsgruppe e.V., Northeim
ALKASTAR

2. Auflage, November 2005
EARTH OASIS GmbH, Köln
Webseite: www.earth-oasis-verlag.de

Satz, Druck und Bindung: Aalexx, Das Buch Druck Haus
Printed in Germany
ISBN 3-89539-520-X

Der Spiritismus
in seinem einfachsten Ausdruck.

Eine kurzgefaßte Darstellung
der Lehre und der Mittheilungen der Geister

von

Allan Kardec,
Präsident der spiritischen Gesellschaft zu Paris,

übersetzt von

Const. Delhez.

Zweite Auflage.

Auf ernstes, und dem wahren Zwecke der obgenannten Wissenschaft entsprechendes Verlangen, erbietet sich der Uebersetzer mit Vergnügen jede Erläuterung zu geben, so weit seine Erfahrung auf diesem Gebiete es ihm erlaubt.

(Selbstverlag des Uebersetzers.)

Wien, 1864.
Zu haben im Verlage des Uebersetzers, Stadt Singerstraße 7, und bei allen Buchhändlern.

Druck von Rudolf M. Rohrer in Brünn.

Überarbeiteter Neudruck

Vorwort des Herausgebers

In der Edition „Visionen dieser Erde" ist diese kurzgefasste, prägnante Einführung die zweite Schrift von Alan Kardac über den Spiritismus, der die Zusammenhänge zwischen materieller und geistiger Welt erklärt.

Durch Tatsachen und Logik wird die Existenz der unsichtbaren Welt entschleiert – wir erkennen, dass uns eine geistige Welt zur Seite steht, um zu helfen und zu heilen und den Menschen in die Geheimnisse seiner zukünftigen Existenz einzuweihen.

In der Tat gründet sich der Spiritismus auf das Dasein der Geister, doch die Geister sind nichts anderes als die Seelen der Menschen. Überall gibt es Beweise, dass sich die Geister den Menschen zu allen Zeiten offenbart haben. Wer sind diese Geister? Welche Rolle spielen sie im Universum? Zu welchem Zweck offenbaren sie sich dem Sterblichen? Das sind die ersten Fragen, denen Allan Kardec 1850 bei seinen Nachforschungen und Beobachtungen nachging.

Der Spiritismus ist eine Wissenschaft, welche die Existenz, die Manifestationen und die Lehre der Geister erforscht. Eine der fruchtbarsten Erkenntnisse dieser Lehre ist der Grundsatz von der Vielheit der Existenzen, schon zu allen Zeiten von Philosophen vermutet. Die hierzu eindeutigen Aussagen höchster Geistwesen haben Allan Kardecs Ruf als Vater der westlichen Reinkarnationslehre begründet.

Es ist sicher kein Zufall, dass der Spiritismus gerade in einer Zeit an Bedeutung gewinnt, die aus ihrem materialistischen Grundverständnis heraus den Tod – als vermeintliche Auflösung im Nichts - zum Tabuthema machen musste. Wer aber den Tod mangels Erkenntnis seiner wahren transformierenden Natur fürchtet, der kann auch nicht auf Befreiung und Selbsterkenntnis in einem Leben hoffen, das erst aus dem Wissen um die Unsterblichkeit der eigenen Seele, aus dem Verständnis der Reinkarnation als unverzichtbarem Reifungs- und Entwicklungsprozess, seine wirkliche Bedeutung erlangt.

In diesem Sinne wird der wissenschaftliche Spiritismus zu einer gelebten Offenbarung allerhöchster Eindringlichkeit. In direkter Anschauung, jenseits aller Zweifel, demonstrieren uns geistige Wesen, die wie wir auf dieser Erde gelebt haben, Existenz und Überlegenheit der spirituellen Welt. Unser Geist, unsere Seele ist ewiger Teil dieser allgegenwärtigen parallelen Existenz.

Köln, November 2005   Victor Rollhausen

Kardec, Allan (Pseudonym)
= Prof. Hippolyte Léon Denizard Rivail

* 03. 10.1804 Lyon (Frankreich), † 31. 03. 1869 Paris
Begründer des romanischen Spiritismus, Schüler Pestalozzis.

WER WAR ALLAN KARDEC

Er wurde am 3. Oktober 1804 als **Léon-Hippolyte-Dénizard Rivail** geboren. Er war Sprössling einer alten Familie, die sich in der Magistratur und Advokatur ausgezeichnet hatte. Er folgte dieser Laufbahn nicht, weil er sich seit frühster Jugend zum wissenschaftlich- philosophischen Studium hingezogen fühlte. Er wurde in der Pestalozzi-Schule zu Yverdon in der Schweiz erzogen, war ein hervorragender Schüler dieses berühmten Lehrers und ein eifriger Verbreiter seines Erziehungssystems, das auf die Unterrichtsreform Deutschlands und Frankreichs einen großen Einfluss ausgeübt hat.

Kardec war bemerkenswert intelligent und sehr begabt. Bereits mit vierzehn Jahren zeigten sich bei ihm seine besonderen Fähigkeiten zum Unterrichten; er lehrte diejenigen seiner Mitschüler, die weniger Kenntnisse hatten als er, alles was er wusste. In dieser Schule entwickelte er Ideen, die ihn später in die Schar der Fortschrittler und Freidenker einreihen sollten.

In einer katholischen Familie geboren, aber in einem protestantischen Land erzogen, erkannte er bereits früh die Intoleranz auf beiden Seiten und ließ in ihm die Idee einer religiösen Reform mit dem Ziel der Glaubenseinigung reifen. Während langer Jahre arbeitete er daran in aller Stille, ohne das zündende Element zur Beilegung dieses großen Konflikts wirklich zu finden. Erst der Spiritismus lieferte es ihm später und prägte seine Arbeit in besonderem Maße.

Nach seinem Studium in der Schweiz ging er zurück nach Frankreich. Aufgrund seiner Kenntnis der deutschen Sprache übersetzte er verschiedene Werke über Erziehung und Ethik für Deutschland, speziell die Werke Fenelon's, die ihn besonders anzogen.

Er war Mitglied mehrerer Gesellschaften von Gelehrten, unter anderen der königlichen Akademie von Arras, die ihn 1831 für eine bemerkenswerte Denkschrift über die Sprache: „Welches ist das mit den Bedürfnissen der Zeit am meisten harmonierende Studiensystem?" ehrten.

Ehe der Spiritismus das **Pseudonym „Allan Kardec"** populär machte, war er bereits durch Arbeiten ganz anderer Natur bekannt geworden. Diese hatten jedoch bereits alle das Ziel, die breite Masse aufzuklären und sie mehr an ihre Familie und ihr Land zu fesseln.

Als gegen 1850 das Phänomen der Geistermanifestationen auftrat, beobachtete Allan Kardec diese Erscheinungen mit bemerkenswerter Ausdauer. Er versuchte nicht nur Sinn und Zweck dieser Manifestationen zu ergründen, sondern auch philosophische Folgerungen daraus abzuleiten. Er als Erster erkannte darin das Prinzip neuer Naturgesetze – Gesetzmäßigkeiten, denen die Beziehungen der sichtbaren und einer unsichtbaren Welt unterstehen.

Kardec's Hauptwerke zu diesem Thema sind:

1. Das Buch der Geister
   - als philosophischer Teil. (1. Ausgabe 18. April 1857)
2. Das Buch der Medien
   - als experimental-wissenschaftlicher Teil. (Januar 1861)
3. Das Evangelium im Lichte des Spiritismus
   - als ethischer Teil. (April 1864)
4. Himmel und Hölle
   oder die göttliche Gerechtigkeit im Lichte des Spiritismus
   (August 1865)
5. Genesis - Die Schöpfungsgeschichte,
   die Wunder und Weissagungen im Lichte des Spiritismus
   (Januar 1868)
6. Der Spiritismus in seinem einfachsten Ausdruck
7. Über das Wesen des Spiritismus
8. „Revue Spirite", Zeitschrift für psychologische Studien; monatliche Sammlungen, begonnen am 1. Januar 1858.

Am 1. April 1858 gründete er in Paris die erste spiritistische Gesellschaft unter dem Namen: „Société Parisienne des Etudes spirites", deren Ziel das Studium all dessen ist, was zum Fortschritt dieser neuen Wissenschaft beitragen kann.

Allan Kardec betonte ausdrücklich, nichts unter dem Eindruck vorgefasster Ideen geschrieben zu haben. Als Mann von eher kaltblütigem und ruhigem Charakter hat er die Tatsachen beobachtet und aus diesen Beobachtungen die Gesetze abgeleitet. Er war der erste Theoretiker des Spiritismus und stellte eine methodische Lehre darüber auf. Er bewies, dass die fälschlicherweise „*übernatürlich*" genannten Erscheinungen und Tatsachen bestimmten natürlichen Gesetzen unterworfen sind und reihte sie in die Ordnung der Naturerscheinungen ein. Somit zerstörte er den letzten Schlupfwinkel des „*Wunderbaren*" und damit eines der stärksten Elemente des Aberglaubens.

Während der ersten Jahre des Auftretens spiritistischer Phänomene waren Kundgebungen mehr ein Gegenstand der Neugierde als ein Objekt ernsten Nachdenkens; sein Werk: „***Das Buch der Geister***" betrachtete die Sache aus einem ganz anderen Gesichtspunkt. Man verließ die sich drehenden Tische, die nur ein Vorspiel gewesen waren, und man interessierte sich für die wissenschaftlichen Kernpunkte.

Mit dem Erscheinen des Werkes: *„Das Buch der Geister"* war gleichermaßen die **spiritistische Wissenschaft** begründet, die bis dahin nur aus zerstreuten Elementen ohne Verbindung bestanden hatte, deren Tragweite nicht von jedermann verstanden werden konnte. Von diesem Augenblick an zog jene Lehre die Aufmerksamkeit auch der ernsten Menschen an. In wenigen Jahren fanden die Ideen zahlreiche Anhänger in allen Schichten der Gesellschaft und in allen Ländern. Zu diesem Erfolg trug weitgehend auch die Logik und Klarheit bei, ein hervorragendes Merkmal der Schriften Allan Kardec's.

Besonders seine streng logische Beweisführung bietet allen Streitpunkten wenig Möglichkeit zur Widerlegung und lässt somit langsam die Überzeugung reifen. Die materiellen Beweise, die der Spiritismus von der Existenz der Seele, des Geistes und des künftigen Lebens gibt, haben die Zerstörung der materialistischen und pantheistischen Anschauungen zur Folge.

Einer der fruchtbarsten Grundsätze dieser Lehre ist der Grundsatz von der Vielheit der Existenzen, die schon von sehr vielen alten als auch modernen Philosophen vermutet worden war.

Anstatt des Grundsatzes: *„außerhalb der Kirche kein Heil"*, der die Trennung und Erbitterung zwischen den unterschiedlichen Sekten nährt und der in früheren Zeiten so viel Blutvergießen gekostet hat, erhobt der Spiritismus die Wahrheit zum Grundsatz: *„außerhalb der Nächstenliebe kein Heil"*, das heisst Gleichheit unter den Menschen vor Gott, Toleranz, Gewissensfreiheit und gegenseitiges Wohlwollen! Anstatt des blinden Glaubens, der die Denkfreiheit vernichtet, sagt er: Es gibt keinen unerschütterlichen Glauben, welcher der menschlichen Vernunft aller Zeitalter ins Auge sehen kann. Der Glaube braucht eine Basis, und diese Basis ist die vollkommene Einsicht dessen, was man glauben soll; um zu glauben, genügt es nicht zu sehen, man muss vor allem verstehen. **Der blinde Glaube ist nicht mehr Sache dieses Jahrhunderts; denn gerade das Dogma des blinden Glaubens erweckt heute die größte Zahl der Ungläubigen, weil er sich aufdrängen will und weil er die Hingabe einer der kostbarsten Fähigkeiten des Menschen verlangt: die Vernunft und den freien Willen.**

(Siehe Kardec's Werk: **Das Evangelium im Lichte des Spiritismus**)

Allan Kardec starb am 31. März 1869 in Paris.

GESCHICHTLICHES ÜBER DEN SPIRITISMUS

Gegen das Jahr 1850 wurde in den Vereinigten Staaten Amerikas die Aufmerksamkeit auf verschiedene fremde Erscheinungen gelenkt, die darin bestanden, dass Gegenstände zu klopfen und sich zu bewegen anfingen, zuweilen auch ein Geräusch vernehmen ließen, ohne dass man die Veranlassung dazu angeben konnte. Diese Erscheinungen fanden oft unwillkürlich mit einer Heftigkeit und sonderbaren Beharrlichkeit statt; zugleich bemerkte man, dass sie vornehmlich unter dem Einfluss gewisser Personen, welche man mit dem Namen: *Medium* bezeichnete, erzeugt wurden, und dass letztere die Erscheinungen sozusagen durch ihren Willen hervorrufen konnten, wodurch die Wiederholung des Experiments ermöglicht war. Man bediente sich zu diesem Zweck besonders der Tische, nicht etwa weil dieser Gegenstand geeigneter ist als ein anderer, sondern deshalb, weil der Tisch beweglich und bequemer ist, und weil man leichter und ungezwungener an einem Tisch sitzt als an einem anderen Möbelstück. Man erzielte auf diese Art, dass der Tisch sich drehte, sich nach allen Richtungen bewegte, sprang, umstürzte, sich erhob und heftig zu klopfen begann, usw.; und diese Erscheinung war es, welche man anfangs mit dem Namen: Tischrücken oder Tischtanzen bezeichnete.

Bis dahin mochte die Annahme zur Geltung gelangen, dass diese Erscheinungen durch einen elektrischen oder magnetischen Strom oder durch ein unbekanntes Fluidum hervorgebracht werde, und dies war auch die erste Meinung, welche man darüber hatte. Man zögerte auch nicht, in diesen Erscheinungen intelligente Wirkungen zu erkennen: so gehorchte die Bewegung dem Willen, der Tisch wendete sich nach rechts oder nach links, einer bestimmten Person zu, erhob sich auf Befehl auf einem oder zwei Füßen, klopfte die Anzahl der geforderten Schläge, schlug Takt usw.

Es wurde bald klar, dass die Ursache dessen nicht eine rein physische war, und nach dem Axiom: *wenn jede Wirkung eine Ursache hat, so muss jede geistige Wirkung auch eine geistige Ursache haben*, schloss man, dass die Ursache dieser Erscheinung ein geistiges Wesen sein mußte.

Worin bestand nun die Natur dieses geistigen Wesens? Das war die Frage.

Es tauchte zuerst der Gedanke auf, dass dies alles nur ein Reflex des Geistes von Seiten des Mediums oder der Anwesenden sein könnte, aber die Erfahrung bewies bald die Unhaltbarkeit dieser Ansicht, denn man gelangte zu Tatsachen, welche gänzlich außerhalb des Bereiches des Denkens und des Wissens der anwesenden Personen und sogar in Widerspruch mit ihren Ideen, Willen und Wünschen waren. Es konnte demnach die Natur dieses Wesens nur einem unsichtbaren Wesen angehören.

Das Mittel um die Natur dieses Wesens zu ergründen bestand darin, mit diesem Wesen in Unterredung zu treten. Dies geschah durch eine Anzahl von Schlägen, welche dem Übereinkommen gemäß „Ja" - „Nein" bedeuteten oder die Buchstaben des Alphabets bezeichneten. Auf diese Art erhielt man Antworten auf verschiedene Fragen, welche man diesem Wesen stellte. Diese Erscheinung wurde mit dem Namen „sprechende Tische" bezeichnet. Alle Wesen, welche sich auf diese Art offenbarten, gaben über die Anfrage hinsichtlich ihrer Wesenheit an, dass sie Geister seien und der unsichtbaren Welt angehören. Dieselben Wirkungen wurden an sehr vielen Orten durch Vermittlung verschiedener Personen hervorgebracht und übrigens von sehr ernsten und aufgeklärten Menschen beobachtet; es war also nicht möglich, dass man das Spielzeug einer Illusion wäre.

Aus Amerika verpflanzte sich diese Erscheinung nach Frankreich und den übrigen europäischen Staaten, wo das Tischrücken und Tischsprechen durch einige Jahre Mode war und in den Salons zur Unterhaltung diente, bis man endlich dessen überdrüssig wurde und zu einer anderen Unterhaltung überging.

Die Erscheinung gewann bald ein neues Ansehen, welches sie aus dem Bereich der einfachen Neugierde hervorhob. Der Raum dieser kleinen Schrift erlaubt uns nicht, die einzelnen Phasen durchzuschauen; wir gehen gerade zu dem Wesentlichsten über, was die Aufmerksamkeit der ernsten Personen fixierte.

Im Vorhinein bemerken wir, dass viele die Wirklichkeit dieser Erscheinungen leugneten. Einige, welche die Uneigennützigkeit und Ehrwürdigkeit der Prüfenden nicht berücksichtigten, sahen in diesem nur eine Gaukelei, ein geschicktes Taschenspielerstück. Andere, welche außer der Materie nichts zulassen, nur an die sichtbare Welt glauben und meinen, es sterbe alles mit dem Körper, die Materialisten, mit einem Worte, *die starken Geister*, wie sie sich nennen, verwiesen die Existenz der unsichtbaren Geister in den Bereich der absurden Fabeln; sie beschuldigten einer Narrheit diejenigen, welche die Sache ernst nahmen und überhäuften sie mit Spott und Witz.

Andere, welche die Tatsachen nicht in Abrede stellen konnten, von einem gewissen Ideengang aber beherrscht, schrieben diese Erscheinungen dem ausschließlichen Einfluss des Teufels zu und suchten durch dieses Mittel die Furchtsamen zu erschrecken. Aber heutzutage hat die Furcht vor dem Teufel sonderbarerweise ihr Blendwerk verloren; man hat so viel von ihm gesprochen, man hat ihn auf so mannigfaltige Weise gemalt, dass man sich mit dieser Idee vertraut machte, und dass viele sich dahin äußerten, man müsse die Gelegenheit benützen, um zu sehen, was er in Wirklichkeit sei. Es geschah, dass mit Ausnahme einer kleinen Anzahl furchtsamer Frauen, die Verkündigung der Ankunft des wahren Teufels etwas Anziehendes für diejenigen hatte, welche denselben bisher nur in Bildern und im Theater gesehen hatten. Dies war für viele Leute ein starker Reiz, so dass diejenigen, welche durch dieses Mittel den neuen Ideen Schranken setzen wollten, ihrem Zweck entgegenwirkten und ohne ihren Willen desto wirksamere Verbreiter wurden, je leidenschaftlicher sie früher dagegen geeifert hatten. Die anderen Kritiker hatten auch nicht mehr Erfolg, weil sie den bewiesenen Tatsachen, den kategorischen Beweisen nichts als Negationen entgegenstellen konnten. Man lese, was sie veröffentlicht haben, und man wird überall den Beweis der Unwissenheit, den Mangel an *ernsten Beobachtungen* der Tatsachen und nirgends eine entscheidende Beweisführung über die Unmöglichkeit derselben finden. *Ihr ganzes Argument fasst sich kurz, wie folgt: „Ich glaube das nicht, also kann das nicht sein; alle, die daran glauben sind Narren; wir allein haben das Privileg der Vernunft und des gesunden Verstandes."*

Die Zahl der Anhänger, welche durch ernste und lustige Kritik dazugewonnen wurden, ist unberechenbar, weil man überall in dieser Hinsicht nur persönliche Ansichten ohne alle Gegenbeweise findet. Kehren wir zur Sache zurück.

Die Mitteilungen der Geister durch Klopfen waren langsam und unvollständig; man fand, dass durch Anbringung eines Bleistifts an einen beweglichen Gegenstand, an ein Körbchen, Brettchen oder etwas anderes, über welches man die Finger legte, dieser Gegenstand sich in Bewegung setzte und Buchstaben zeichnete. Später erkannte man, dass diese Gegenstände nur eine Zutat sind, welche man entbehren kann. Die Erfahrung lehrte, dass der Geist, welcher auf einen trägen Körper einwirkt, um ihn nach seinem Willen zu lenken, ebenfalls auf den Arm und die Hand wirken könne, um den Bleistift zu führen. Man hatte demnach *schreibende Medien*, d.h. Personen, welche auf eine unwillkürliche Art auf Antrieb der Geister schreiben und auf diese Art als Werkzeuge und Dolmetscher derselben handeln.

Seit dieser Zeit hatten die Mitteilungen der Geister keine Schranken mehr, und der Gedankenaustausch konnte mit eben der Schnelligkeit und Entwicklung geschehen, wie unter Lebenden. Da war nun ein weites Feld geöffnet für die Forschung; das war die Entdeckung einer neuen Welt: der Welt des Unsichtbaren, so wie das Mikroskop die Welt des unendlich Kleinen entdecken ließ.

Wer sind diese Geister? Welche Rolle spielen sie im Universum? Zu welchem Zweck offenbaren sie sich dem Sterblichen? Das sind die ersten Fragen, um deren Auflösung es sich handelte. Man wusste bald durch die Geister selbst, dass sie keineswegs Ausnahmen in der Schöpfung, sondern die Seelen derjenigen waren, welche auf dieser Erde oder in einem anderen Weltkörper gelebt haben, dass diese Seelen, nachdem sie ihre körperliche Hülle abgelegt haben, den Raum bewohnen und durchwandeln.

Die Erkenntnisse ließen keine Zweifel mehr zu, weil man unter diesen Geistern seine Eltern und Freunde erkannte, mit welchen man sich unterhalten konnte, als diese kamen, um uns den Beweis ihrer Existenz zu geben, um uns zu beweisen, dass nichts an ihnen abgestorben ist als der Körper; dass ihre Seele oder ihr Geist immer lebt, dass sie da sind neben uns, uns sehen oder beobachten und so wie zu ihren Lebzeiten mit ihren Sorgen diejenigen umgeben, welche sie geliebt haben und deren Andenken für sie eine sanfte Freude ist.

Man hat im allgemeinen eine ganz falsche Idee von den Geistern; sie sind nicht, wie viele sich vorstellen, abstrakte, vage und unbestimmte Wesen, auch nicht etwas Derartiges, wie ein Schein oder ein Funke. Es sind im Gegenteil sehr reelle Wesen, welche ihre Individualität und eine bestimmte Form haben.

Man kann sich in dieser Hinsicht eine annähernde Vorstellung durch nachfolgende Erklärung machen.

Es gibt im Menschen drei wesentliche Dinge:

1. **Seele** oder **Geist**, ein intelligentes Prinzip, in welchem der Gedanke, der Wille und der Sinn für Moral ihren Sitz haben.

2. **Körper**, eine materielle, schwere und grobe Hülle, durch welche sich der Geist mit der Außenwelt in Kontakt setzt.

3. **Geisterhülle** (Perispirit), eine fluidische, leichte Hülle, welche als Verbindungsmittel zwischen Geist und Körper dient.

Wenn die äußere Hülle abgenutzt ist und ihren Dienst nicht mehr versehen kann, so fällt sie zusammen, und der Geist legt sie ab, wie sich die Frucht von ihrem Gehäuse, der Baum von seiner Rinde befreit; mit einem Wort, man legt das alte Kleid ab, das außer Gebrauch gekommen ist; das nennt man den **Tod.**

Der Tod ist demnach nichts anderes, als die Zerstörung der groben Hülle des Geistes. Der Körper allein stirbt, der Geist vergeht nicht.

Während des Lebens ist der Geist in mancher Hinsicht durch das Band der Materie, mit welcher er vereint ist und welche oft seine Fähigkeiten lähmt, gedrückt. Der Tod des Körpers befreit ihn von seinen Fesseln; er entledigt sich derselben und findet seine Freiheit wieder, wie der Schmetterling, der aus der Puppe hervorgeht.

Doch er verlässt nur den materiellen Körper; er behält den Perispirit, welcher für ihn eine Art ätherischen, dunstartigen, für uns unwägbaren Körper bildet, welcher die menschliche Form besitzt und die typische Form zu sein scheint. In seinem normalen Zustand ist der Perispirit unsichtbar, aber der Geist kann ihm gewisse Modifikationen erteilen, welche ihn momentan dem Gesichtsorgan, ja selbst dem Gefühl zugänglich machen, wie dies bei verdichtetem Dampf stattfindet.

Auf diese Art können die Geister sich uns in den Erscheinungen zeigen. Mit Hilfe des Perispirit wirkt demnach der Geist auf die träge Materie und bringt die verschiedenen Erscheinungen des Lärmens, der Bewegung, des Schreibens usw. hervor.

Die Schläge und die Bewegungen sind für die Geister die Mittel, um ihre Gegenwart zu bezeugen und die Aufmerksamkeit auf sich zu lenken, gerade so wie eine Person klopft, um anzuzeigen, dass jemand da ist.

Es gibt unter den Geistern solche, welche sich nicht auf ein mäßiges Geräusch beschränken, sondern sogar einen förmlichen Lärm machen, ähnlich jenem, der durch Zerbrechen des Tischgeschirrs, durch Öffnen oder Schließen der Tür oder durch Umstürzen der Möbel geschieht.

Mit Hilfe der Schläge und der übereingekommenen Bewegungen haben die Geister ihre Gedanken ausdrücken können; allein die Schrift bietet ihnen hierzu das vollständigste, schnellste und bequemste Mittel; es ist auch dasjenige, welches sie vorziehen.

Aus demselben Grund, aus welchem sie Buchstaben zeichnen können, sind sie imstande, die Hand zu führen, um Zeichnungen zu machen,

Musikstücke zu schreiben, auf einem Instrument zu spielen; mit einem Wort, bei Ermangelung ihres eigenen Körpers, den sie nicht mehr haben, bedienen sie sich jenes des Mediums, um sich den Menschen auf eine fühlbare Art zu manifestieren.

Die Geister können sich auch auf verschiedene andere Art manifestieren, z.B. dem Auge, dem Gehör. Gewisse Personen, nämlich *hörende Medien* genannt, haben die Fähigkeit sie zu hören und können demnach mit ihnen sprechen; andere sehen die Geister, das sind die *sehenden Medien*.

Die Geister, welche sich dem Auge manifestieren, stellen sich im allgemeinen unter einer Form vor, welche jener, die sie zur Lebenszeit hatten, ähnlich, jedoch dunstartig ist. Bald hat diese Form allen Anschein eines lebenden Wesens, derart, dass sie eine vollständige Täuschung hervorbringen kann, und dass man sie oft für Personen mit Fleisch und Knochen gehalten hat, mit welchen man sprechen und Händedruck wechseln konnte, ohne zu vermuten, dass man mit Geistern verkehrte, außer wenn sie plötzlich verschwanden.

Die beständige und allgemeine Erscheinung der Geister ist sehr selten, aber die individuellen Erscheinungen sind ziemlich häufig, besonders im Augenblick des Todes: der frei gewordene Geist scheint sich zu beeilen seine Eltern, Verwandten und Freunde zu besuchen, um sie benachrichtigen zu wollen, dass er soeben die Erde verlassen hat, und um ihnen zu sagen, dass er immer lebt.

Möge jeder seine Erinnerungen sammeln, und man wird sehen, wie viele authentische, derartige Tatsachen, die man sich nicht zu erklären wusste, nicht nur bei Nacht, während des Schlafes, sondern auch am hellen Tage und im Zustand des vollkommenen Wachens stattgefunden haben.

Ehemals hat man diese Tatsachen für übernatürlich und für Wunder angesehen und der Magie und der Zauberkunst zugeschrieben, heutzutage werden sie von Ungläubigen auf Rechnung der Einbildungskraft gesetzt; allein, seitdem die spiritistische Wissenschaft hierzu den Schlüssel gegeben hat, weiß man, wie sie entstehen und dass sie aus der Ordnung der natürlichen Erscheinungen nicht herausfallen.

Man glaubt auch, dass die Geister bloß dadurch, dass sie Geister sind, die höchste Kenntnis und die höchste Weisheit besitzen müssen. Dies ist ein Irrtum, welchen die Erfahrung bald bewiesen hat. Unter den von den Geistern gemachten Mitteilungen gibt es solche, welche an Tiefe, Beredsamkeit, Weisheit und Moral erhaben sind und die nur Güte und Gewogenheit ausdrücken, aber nebenbei gibt es auch sehr niedrige, leichte, gemeine, ja selbst grobe, durch welche der Geist den niederen Charakter offenbart.

Es ist demnach klar, dass diese Mitteilungen nicht aus ein und derselben Quelle abstammen können, und dass, wenn es einerseits gute Geister gibt, es andererseits auch böse gibt.

Die Geister, welche nichts anderes sind, als die Seelen der Menschen, können natürlich beim Verlassen ihres Körpers nicht sogleich vollkommen werden; und bis sie Fortschritte gemacht haben, behalten sie die Unvollkommenheiten des körperlichen Lebens; deshalb sieht man bei ihnen auch alle Abstufungen der Güte und der Bosheit, des Wissens und der Unwissenheit.

Die Geister offenbaren sich im Allgemeinen mit Freude, und es ist für sie ein Vergnügen, wenn sie sehen, dass man sie nicht vergessen hat; sie beschreiben gern die Eindrücke, welche sie beim Verlassen der Erde empfunden haben, ihre neue Lage, die Beschaffenheit ihrer Freuden oder ihrer Qualen in dem Weltkörper, wo sie sich befinden: die einen sind sehr glücklich, andere stehen furchtbare Qualen aus, je nachdem, wie sie gelebt und ob sie ein gutes oder schlechtes, nützliches oder unnützliches Leben geführt haben.

Aus der Beobachtung in allen Phasen ihrer neuen Existenz, nach der Stellung, welche sie auf der Erde eingenommen haben, nach der Todesart, ihrem Charakter und ihren Gewohnheiten als Menschen, erhält man, wenngleich kein vollständiges, so doch ein getreues Abbild der unsichtbaren Welt; und das genügt, um unseren künftigen Zustand zu begreifen und das glückliche oder unglückliche Schicksal, welches uns dort erwartet, zu ahnen.

Die von den hohen Geistern mitgeteilten Belehrungen über alle Umstände, welche das menschliche Wesen betreffen, die Antworten, welche sie auf die ihnen gestellten Fragen gemacht haben, wurden sorgfältig gesammelt und geordnet und begründen eine ganze Wissenschaft, eine ganze moralische und philosophische Lehre unter dem Namen *Spiritismus*.

Der Spiritismus ist demnach die Wissenschaft, welche sich auf die Existenz, die Manifestationen und die Lehre der Geister gründet.

Diese Lehre findet man vollständig ausgeführt in Bezug auf die philosophische Seite in dem **Buch der Geister**, und in Bezug auf die praktische und experimentelle Seite in dem **Buch der Medien** von demselben Verfasser. Man kann durch den am Ende dieser Schrift gegebenen Inhalt oben genannter Werke über die Verschiedenheit, den Umfang und die Wichtigkeit der Gegenstände, welche diese Lehre umfasst, urteilen.

Wie die Erfahrung lehrte, hat der Spiritismus seinen Ausgangspunkt in der gemeinen Erscheinung des Tischrückens; so wie jedoch diese Tatsachen mehr zum Auge als zum Verstand sprechen, wie sie mehr die Neugierde als das Gefühl erregen, so hat man sich nach befriedigter Neugierde dafür umso weniger interessiert, als man sie nicht begriffen hat. Dieses war jedoch nicht mehr der Fall, als die Theorie hinzukam, um die Ursache hiervon zu erklären. Als man insbesondere gesehen hat, dass aus diesen drehenden Tischen, mit denen man sich einen Augenblick unterhielt, eine ganze moralische Wissenschaft hervorging, eine Lehre, die zur Seele sprach, die alle Angst des Zweifels vertrieb, die jeden Wunsch befriedigte, welcher durch ungenügende Belehrung über die Zukunft des Menschen im Dunkel blieb, da haben die ernsten Menschen diese neue Lehre als eine Wohltat aufgenommen; seitdem ist sie, weit davon entfernt zu verschwinden, mit einer unglaublichen Geschwindigkeit gewachsen.

In einem Zeitraum von 3 - 4 Jahren hat diese Lehre in allen Ländern der Welt und besonders unter den aufgeklärten Menschen eine Anzahl von Anhängern vereinigt, welche von Tag zu Tag in einem außerordentlichen Maß zunimmt, so dass man heutzutage sagen kann, der Spiritismus habe das Bürgerrecht erworben. Er stützt sich auf Grundlagen, welche den Anstrengungen seiner mehr oder weniger interessierten Gegner trotzen; und der sicherste Beweis hiervon ist, dass die Angriffe der Kritiken nicht einen Augenblick seinen Gang aufgehalten haben. Dies ist eine Tatsache, welche die Erfahrung zeigt, und welche die Gegner sich niemals zu erklären wussten. Die Spiritisten sagen ganz einfach, dass wenn diese Lehre sich trotz der Kritik verbreitet hat, es deshalb der Fall ist, weil man sie für gut hält, ihre Erklärungen gut findet und denen ihrer Gegner vorzieht.

Der Spiritismus ist keineswegs eine neue Erfindung; die Tatsachen und Prinzipien, auf welchen er beruht, reichen bis in das graue Altertum zurück, denn man findet davon Spuren im Glauben aller Völker, in allen Religionen, bei den meisten geistlichen und weltlichen Schriftstellern. Nur die unvollständig beobachteten Tatsachen hat man oft nach den abergläubischen Ideen der Unwissenheit ausgelegt und nicht daraus die Folgerungen gezogen.

In der Tat gründet sich der Spiritismus auf das Dasein der Geister; doch da die Geister nichts weiter als die Seelen der Menschen sind, gibt es auch Geister, seit es Menschen gibt. Der Spiritismus hat sie weder entdeckt noch erfunden.

Wenn die Seelen und Geister sich den Lebenden offenbaren können, so geschieht es, weil es in der Natur liegt, und folglich können sie es zu allen Zeiten getan haben; auch findet man zu allen Zeiten und überall Beweise dieser Offenbarungen, welche besonders in den biblischen Erzählungen zahlreich vorkommen. Das, was an dieser Sache neu ist, das ist die logische Erklärung der Tatsachen, eine vollkommenere Kenntnis der Natur der Geister, ihrer Rolle und ihrer Handlungsart, die Aufklärung über unseren zukünftigen Zustand, endlich ihr Bestehen als Wissenschaft und Lehre und ihre Anwendung auf das gegenwärtige oder zukünftige Glück des Menschen. Die Alten kannten das Prinzip, die Neuen kennen die Einzelheiten. Im Altertum war das Studium dieser Erscheinungen ein Privileg gewisser Kasten, welche dieselben nur den in die Mysterien Eingeweihten mitteilten; im Mittelalter wurden diejenigen, welche sich auffallend damit befassten, als Zauberer betrachtet und verbrannt. Allein heutzutage gibt es für niemanden Geheimnisse, und man verbrennt auch keine Menschen mehr. Alles geschieht bei hellem Tage, und jeder ist imstande, sich aufzuklären und dies praktisch auszuführen, denn die Medien finden sich überall, und jeder kann mehr oder weniger selbst ein Medium sein.

Die Lehre, welche uns die Geister heutzutage geben, enthält nichts Neues; man findet sie in Bruchstücken bei den meisten Philosophen Indiens, Ägyptens und Griechenlands und ganz vollständig in der Lehre Christi. Was will nun der Spiritismus? Er bekräftigt durch neue Zeugnisse, beweist durch Tatsachen die unbekannten oder schlecht verstandenen Wahrheiten, führt zu ihrem wahren Sinn jene wieder zurück, die entweder schlecht ausgelegt oder willentlich entstellt wurden.

Der Spiritismus lehrt nichts Neues, das ist wahr; aber ist es denn nichts, auf eine offene unverwerfliche Art das Dasein der Seele, ihr Fortleben nach dem Körper, ihre Beschaffenheit nach dem Tode, ihre Unsterblichkeit, die zukünftigen Strafen oder Belohnungen zu beweisen? Wie viele Menschen glauben an diese Sachen, aber sie glauben daran nicht mit voller Zuversicht und sagen zu sich selbst: „Wenn dies dennoch nicht stimmte!" Wie viele wurden zum Unglauben verleitet, weil man ihnen die Zukunft mit einem Bild dargestellt hat, welches ihre Vernunft nicht zulassen konnte!

Ist das für den wankenden Gläubigen gar nichts, wenn er sich sagen kann: „Jetzt bin ich sicher" und für den Blinden, wenn er wieder das Licht erblickt? Der Spiritismus wird durch Tatsachen und durch seine Logik jede Angst des Zweifels zerstreuen und den Verirrten zum Glauben zurückführen, indem er uns das Dasein der unsichtbaren, uns umgebenden Welt offenbart, in deren Mitte wir leben, ohne es zu wissen. Er zeigt uns durch das Beispiel jener, die gelebt haben, die Bedingungen unseres zukünftigen Glücks oder Unglücks; er erklärt uns den Grund unserer Leiden hier auf der Erde und gibt uns die Mittel an, sie zu mildern. Seine Verbreitung wird die Vernichtung der materiellen Lehren zur unausweichlichen Folge haben, welche der offenbaren Gewissheit nicht widerstehen können.

Überzeugt von der Größe und Wichtigkeit des künftigen Daseins, welches ewig ist, vergleicht der Mensch es mit der Ungewissheit des irdischen Lebens, welches so kurz ist, und er erhebt sich durch seine Gedanken über alle kleinlichen, menschlichen Rücksichten; dadurch, dass er die Ursache und den Zweck seiner Leiden kennt, erträgt er sie mit Geduld und Ergebung, denn er weiß, dass sie ein Mittel sind, um zu einem besseren Zustand zu gelangen. Das Beispiel jener, welche von jenseits kommen, um uns ihre Freuden und Schmerzen zu beschreiben, beweist die Wirklichkeit des künftigen Lebens und zugleich, dass die Gerechtigkeit Gottes kein Laster ohne Strafe, keine Tugend ohne Belohnung lässt. Fügen wir noch hinzu, dass der Verkehr mit den geliebten Wesen, welche wir verloren haben, einen süßen Trost verschafft, indem er den Beweis liefert, dass sie nicht nur existieren, sondern dass wir von ihnen weniger getrennt sind, als wenn sie in einem fremden Land lebten. Kurz, der Spiritismus lindert die Bitterkeit der Kümmernisse des Lebens, er beruhigt die Verzweiflung und die heftigen Erregungen der Seele, vertreibt die Ungewissheit und die Schrecken der Zukunft, hält den Gedanken, sich das Leben durch Selbstmord zu verkürzen, fern und macht hierdurch jene glücklich, die sich ihm ergeben. Das ist das große Geheimnis seiner raschen Verbreitung.

Was den religiösen Gesichtspunkt anbetrifft, so hat der Spiritismus die Grundwahrheiten aller Religionen zur Basis: Gott, die Seele, die Unsterblichkeit, die künftigen Strafen und Belohnungen, aber er ist unabhängig von jeglichem besonderen Kult. Sein Zweck ist, denjenigen, welche leugnen oder zweifeln, zu beweisen, dass die Seele existiert, dass sie die Körper überlebt, dass sie nach dem Tode die Folgen des Guten und des Schlechten, welches sie während des körperlichen Lebens getan hat, ertragen muss. Dies aber gehört zu allen Religionen. Als Glaube an die Geister gehört er ebenfalls allen Religionen, sowie allen Völkern an, da es überall wo es Menschen gibt, auch Seelen und Geister gibt, und weil die Offenbarung der Geister zu allen Zeiten stattfand, und die Erzählung dieser Offenbarungen sich ohne Ausnahme in allen Religionen findet. Man kann demnach griechisch- oder römisch-katholisch, Protestant, Jude oder Moslem sein und dennoch an die Offenbarungen der Geister glauben und folglich ein Spiritist sein. Der Beweis davon ist, dass der Spiritismus Anhänger in allen Sekten hat. Was die Moral betrifft, so ist er wesentlich christlich, weil die, welche er lehrt, nur die Entwicklung und Anwendung der Moral Christi ist, welche die reinste von allen ist und deren Vorzüglichkeit von niemandem bestritten werden kann: ein klarer Beweis, dass sie das Gesetz Gottes ist. Die Moral aber ist zum Gebrauch der ganzen Welt.

Der Spiritismus ist unabhängig von jeder Kultform, schreibt auch keine vor und beschäftigt sich mit keinem besonderen Dogma, weshalb er keine besondere Religion bildet, denn er hat weder Priester noch Tempel. Jenen, welche fragen, ob sie gut tun, wenn sie dieser oder jener Übung folgen, gibt er zur Antwort: „Wenn ihr glaubt, dass euer Gewissen euch dazu veranlasst, tut es: Gott weiß immer die Absicht zu schätzen." Er drängt sich also niemandem auf, er wendet sich nicht an diejenigen, welche den Glauben haben und denen dieser Glaube genügt, sondern an die große Menge der Zweifler und Ungläubigen; er entführt sie nicht der Kirche, von der sie schon moralisch teilweise oder ganz getrennt sind, er leitet sie - im Gegenteil - drei Viertel des zu ihr zurückführenden Weges; ihr kommt es zu, das Übrige zu tun.

Es ist wahr: der Spiritismus bekämpft gewisse Glaubenspunkte, wie jene von der Ewigkeit der Strafen, von dem materiellen Feuer der Hölle, von der Persönlichkeit des Teufels usw., aber ist es nicht gewiss, dass diese Glaubensartikel, als absolut aufgestellt, zu allen Zeiten Ungläubige gemacht haben und noch immer machen?

Wenn der Spiritismus durch eine rationelle Auslegung dieser und gewisser anderer Dogmen die Verirrten zum Glauben zurückführt, leistet er nicht der Religion einen Dienst? Ein ehrwürdiger Geistlicher sagte in dieser Hinsicht: „Der Spiritismus macht, dass man an etwas glaubt; nun wohlan, es ist besser, an etwas zu glauben, als an gar nichts."

Da die Geister nichts anderes als die Seelen sind, so kann man die Geister nicht leugnen, ohne die Seele zu leugnen. Wenn man Seelen oder Geister annimmt, so lässt sich die Frage auf ihren einfachsten Ausdruck in Folgendem zurückführen: *Können die Seelen der Verstorbenen sich den Lebenden mitteilen?* Der Spiritismus beweist die Bejahung durch materielle Tatsachen. Welchen Beweis kann man davon geben, dass dies nicht möglich sei? Wenn es so ist, so werden alle Verneinungen der Welt nicht verhindern, dass es so sei, denn es ist kein System, keine Theorie, sondern ein Naturgesetz. Gegen Naturgesetze aber ist der Wille des Menschen ohnmächtig. Man muss, ob man will oder nicht, die Folgerungen annehmen und seine Glaubensansichten und Gewohnheiten danach einrichten.

KURZER INHALT DER LEHRE DER GEISTER

1   Gott ist die höchste Intelligenz, die erste Grundursache aller Dinge. - Gott ist ewig, einzig, immateriell, unveränderlich, allmächtig, höchst gerecht und gut. Er muss in all seiner Vollkommenheit unendlich sein, denn könnte man ein einziges seiner Attribute für unvollkommen halten, so wäre er nicht mehr Gott.

2. Gott hat den Stoff, aus dem die Welten bestehen, geschaffen; ebenso schuf er auch intelligente Wesen, die wir *Geister* nennen, welche beauftragt sind, die materiellen Welten nach den *unwandelbaren Gesetzen der Schöpfung* zu verwalten, und welche ihrer Natur nach vervollkommnungsfähig sind. Indem sie sich also vervollkommnen, nähern sie sich Gott.

3. Der Geist ist eigentlich das intelligente Prinzip; seine innere Natur ist uns unbekannt; für uns ist er unkörperlich, da er keine Ähnlichkeit mit dem hat, was wir Stoff nennen.

4. Geister sind individuelle Wesen; sie besitzen eine ätherische, unwägbare Hülle, *Geisterhülle - Perispirit* genannt, eine Art fluidischer Körper, den Typus der menschlichen Gestalt. Sie bevölkern die Räume, welche sie mit der Schnelligkeit des Blitzes durchziehen und bilden die unsichtbare Welt.

5   Der Ursprung und die Art des Erschaffens der Geister sind uns unbekannt; wir wissen nur, dass sie *einfach und unbewusst* geschaffen sind, nämlich ohne Wissen und Erkenntnis des Guten und des Schlechten, aber mit einer gleichen Anlage für alles; denn Gott in seiner Gerechtigkeit konnte nicht die einen, damit sie zur Vervollkommnung gelangen, von der Arbeit befreien, welche er den anderen dann auferlegt hätte. Am Anfang sind sie in einer Art Kindheit: ohne eigenen Willen und ohne vollkommenes Bewusstsein ihrer Existenz.

6   Indem sich bei den Geistern der freie Wille zugleich mit den Gedanken entwickelte, sagte Gott ihnen: „Alle könnt ihr Anspruch auf die höchste Glückseligkeit erheben, wenn ihr nur die Kenntnisse, welche euch fehlen, erworben und die Aufgabe, die ich euch auferlege, erfüllt habt. Arbeitet, denn vorzurücken das ist euer Ziel: das werdet ihr erreichen, indem ihr den Gesetzen, welche ich eurem Gewissen eingeprägt habe, folgt." Ihrem freien Willen zufolge nehmen die einen den kürzeren Weg, den des Guten, die anderen den längeren, den des Schlechten.

7. Gott hat nicht das Schlechte geschaffen; er hat Gesetze gegründet, und diese Gesetze sind immer gut, weil er selbst in höchstem Maße gut ist. Wer sie treu einhalten würde, der wäre vollkommen glücklich; da die Geister aber ihren freien Willen hatten, haben sie die Gesetze nicht immer befolgt, und das Schlechte ist für sie aus ihrer Unfolgsamkeit entstanden. Folglich kann man sagen, dass das Gute alles das ist, was mit dem Gesetz Gottes übereinstimmt und das Schlechte, was gegen dieses Gesetz ist.

8. Um als wirkende Wesen der göttlichen Macht an dem Werk der materiellen Welten mitzuwirken, sind die Geister eine Zeit lang mit einem materiellen Körper bekleidet. Durch die Arbeit, welche ihre körperliche Existenz nötig macht, vervollkommnen sie ihre Intelligenz, und indem sie das Gesetz Gottes einhalten, erlangen sie die Verdienste, welche sie zur ewigen Glückseligkeit führen sollen.

9. Die Einverleibung ist dem Geist ursprünglich nicht als eine Strafe auferlegt worden: sie ist für seine Entwicklung und die Vollendung der Werke Gottes nötig, und alle müssen sich ihr unterziehen, gleichgültig, ob sie den Weg des Guten oder den des Schlechten einschlagen, jedoch mit dem Unterschied, dass diejenigen, welche den Weg des Guten nehmen, schneller vorrücken, weniger Zeit brauchen, um das Ziel zu erreichen und mit weniger Mühe hingelangen.

10. Die einverleibten Geister bilden die Menschheit, welche nicht bloß auf die Oberfläche der Erde beschränkt ist; sie bevölkert alle Welten, mit denen der Raum übersät ist.

11. Die Seele des Menschen ist ein einverleibter Geist. Um ihr in der Erfüllung ihrer Aufgaben zu helfen, hat Gott ihr als Hilfsmittel die Tiere gegeben, welche ihr unterworfen sind und deren Verstand und Charakter zu ihren Bedürfnissen in Beziehung stehen.

12. Die Vervollkommnung des Geistes ist die Frucht seiner eigenen Arbeit; da er in einem einzigen körperlichen Leben nicht alle moralischen und geistigen Eigenschaften erwerben kann, welche ihn zum Ziel führen sollen, so gelangt er durch eine Reihe von Existenzen dahin; bei jeder macht er einige Schritte vorwärts auf dem Weg des Fortschritts.

13 Bei jeder körperlichen Existenz hat der Geist eine seiner Entwicklung entsprechende Aufgabe zu erfüllen; je härter und mühsamer sie ist, desto mehr Verdienst hat er bei seiner Vollendung. So ist jede Existenz eine Prüfung, die ihn dem Ziel näher bringt. Die Anzahl dieser Exi-

stenzen ist unbestimmt; es hängt vom Willen des Geistes ab, sie abzukürzen, indem er tätig zu seiner moralischen Vervollkommnung beiträgt; ebenso wie es vom Willen des Arbeiters abhängt, welcher eine Arbeit auszuführen hat, die Anzahl der benötigten Tage zu verringern.

14 Wenn eine Existenz schlecht geführt wurde, so bleibt sie *ohne Nutzen für den Geist*, welcher sie von neuem unter mehr oder weniger mühsamen Bedingungen im Verhältnis zu ihrer Nachlässigkeit oder ihres schlechten Willens beginnen muss. Ebenso ist es im Leben: man kann am Tag danach gehalten sein, das zu tun, was man am Tag zuvor nicht getan hat.

15. Das geistige Leben ist das normale Leben des Geistes: es ist ewig; das körperliche Leben ist vorübergehend und vergänglich: es bildet nur einen Augenblick in der Ewigkeit.

16. In der Zeit zwischen seinen körperlichen Existenzen wandelt der Geist; die Dauer ist unbestimmt. In diesem Zustand ist der Geist entweder glücklich oder unglücklich, je nach gutem oder schlechtem Nutzen, den er aus seiner letzten Existenz gezogen hat. Er forscht nach den Ursachen, welche seinen Fortschritt gefördert oder behindert haben, er fasst die Entschlüsse, welche er in seiner neuen Einverleibung zu verwirklichen trachtet und wählt selber die Prüfungen, welche ihm für seinem Fortschritt am geeignetsten erscheinen; aber manchmal irrt er sich oder unterliegt, wenn er als Mensch nicht an den Entschlüssen festhält, welche er als Geist gefasst hat.

17. Der strafbare Geist wird in der Geisterwelt mit moralischen Leiden gequält und im körperlichen Leben mit physischen Mühen geplagt. Seine Kümmernisse sind die Folge seiner Fehler, nämlich seiner Übertretung des Gesetzes Gottes, so dass sie zugleich eine Sühne für die Vergangenheit und eine Prüfung für die Zukunft sind. So kann der Hochmütige eine Leben der Erniedrigung, der Tyrann ein Leben der Unterwürfigkeit, der unbarmherzige Reiche ein Leben der Armut haben.

18. Es gibt Welten für die verschiedenen Abstufungen des Fortschritts der Geister, wo die körperliche Existenz sehr unterschiedlich ist. Je weniger der Geist vorgerückt ist, desto schwerer und materieller sind die Körper, welche er bewohnt; in dem Maße, in dem er reiner wird, geht er moralisch und physisch in höhere Welten über. Die Erde ist weder die erste, noch die letzte derselben, sie ist aber eine der am wenigsten vorgerückten.

19. Die schuldigen Geister werden in den am wenigsten vorgerückten Welten einverleibt, wo sie ihre Fehler durch die Betrübnisse des körperlichen Lebens aussühnen. Diese Welten sind für sie wahre Fegefeuer, aus welchem herauszukommen es aber von ihnen abhängt, indem sie an ihrem moralischen Fortschritt arbeiten. Die Erde ist eine dieser Welten.

20. Da Gott höchst gerecht und gut ist, verdammt er nicht seine Geschöpfe für zeitweise Fehler zu ewigen Strafen. Er bietet ihnen zu jeder Zeit Mittel um fortzuschreiten und das Schlechte, welches sie getan haben, zu verbessern. Gott verzeiht, aber er verlangt die Reue, die Verbesserung und die Rückkehr zum Guten, so dass die Dauer der Strafe im Verhältnis zum Verharren des Geistes im Schlechten steht. Folglich wäre die Strafe für denjenigen ewig, der ewig auf dem schlechten Weg verharren würde; aber sobald ein Funken der Reue in das Herz des Schuldigen eindringt, erstreckt Gott auf ihn seine Barmherzigkeit. Mit diesem relativen Begriff und nicht im absoluten Sinn soll man die Ewigkeit der Strafen verstehen.

21. Mit der Einverleibung bringen die Geister das mit sich, was sie in ihren früheren Existenzen erworben haben; daher kommt es, dass die Menschen instinktmäßig spezielle Anlagen und gute oder schlechte Neigungen zeigen, welche denselben angeboren zu sein scheinen. Die natürlichen schlechten Neigungen sind die Überreste der Unvollkommenheiten des Geistes, von denen er sich noch nicht vollständig gereinigt hat; es sind auch die Andeutungen der Fehler, welche er begangen hat und die wahre *Erbsünde*. Er hat sich bei jeder Existenz von einigen Unreinheiten zu befreien.

22. Das Vergessen von früheren Existenzen ist eine Wohltat Gottes, welcher in seiner Güte dem Menschen oft peinliche Erinnerungen ersparen will. Bei jeder neuen Existenz ist der Mensch das, zu was er sich selber gemacht hat. Für ihn ist dies ein neuer Ausgangspunkt; er kennt seine jetzigen Fehler, er weiß, dass diese Fehler die Folge derjenigen sind, welche er vorher besaß und schließt daraus das Übel, welches er begangen hat, und das genügt ihm, um an seiner Verbesserung zu arbeiten. Wenn er früher Fehler hatte, welche er nicht mehr hat, so hat er sich nicht mehr darum zu kümmern; er hat mit seinen jetzigen Unvollkommenheiten genug.

23. Wenn also die Seele nicht schon gelebt hat, so sollte sie zur gleichen Zeit mit dem Körper geschaffen worden sein; unter dieser Voraussetzung kann sie keinen Zusammenhang mit denen haben, welche ihr

vorangegangen sind. Dann fragt man sich, wie Gott, der höchst gerecht und gut ist, sie für die Fehler des Urvaters des menschlichen Geschlechts verantwortlich machen konnte, indem er sie mit einer Sünde befleckte, welche sie nicht begangen hat. Wenn man jedoch sagt, dass sie bei ihrer Wiedergeburt den Keim der Unvollkommenheiten ihrer früheren Existenzen mitbringt, dass sie in der gegenwärtigen Existenz die Folgen ihrer begangenen Fehler erleidet, so gibt man der Erbsünde eine logische Erklärung, welche ein jeder begreifen und annehmen kann, weil die Seele nur für ihre eigenen Handlungen verantwortlich ist.

24. Die Verschiedenheit der angeborenen moralischen und intellektuellen Anlagen ist der Beweis, dass die Seele schon gelebt hat; wenn sie zur gleichen Zeit mit dem jetzigen Körper geschaffen worden wäre, so würde es nicht der Güte Gottes gemäß sein, die einen vorgerückter als die anderen gemacht zu haben. Warum gibt es wilde und zivilisierte Menschen, gute und schlechte, dumme und geistreiche Leute? Wenn man annimmt, dass die einen öfter gelebt und mehr erworben haben, als die anderen, erklärt sich alles.

25. Wenn die jetzige Existenz einzig wäre und allein über die Zukunft der Seele für ewig entscheiden sollte, was wäre das Schicksal der Kinder, welche frühzeitig sterben? Da sie weder Gutes noch Böses getan haben, so verdienen sie weder Belohnung noch Strafe. Da dem Worte Christi gemäß jeder nach seinen Werken belohnt wird, so haben sie kein Recht auf die vollkommene Glückseligkeit der Engel, aber auch nicht verdient, derselben beraubt zu sein. Sagt nur, dass sie in einer anderen Existenz das vollenden können, was sie in der, welche abgekürzt wurde, nicht tun konnten, und es besteht keine Ausnahme mehr.

26. Von demselben Gesichtspunkt betrachtet, was wäre das Schicksal der Kretinen und Idioten? Da sie kein Bewusstsein des Guten und des Schlechten haben, haben sie auch keine Verantwortlichkeit ihrer Taten. Wäre Gott gerecht und gut, dumme Seelen geschaffen zu haben, um sie einer elenden Existenz auszusetzen und das ohne Vergeltung? Nehmt das Gegenteil an, dass die Seele des Kretinen und des Idioten ein Geist ist, welcher als Strafe in einem Körper eingeschlossen ist, der untauglich ist, seine Gedanken auszudrücken, gleich einem starken Mann, welchen Fesseln niederdrücken, und ihr werdet nichts mehr finden, was ein Widerspruch zu der Gerechtigkeit Gottes wäre.

27. Da in seinen nacheinander folgenden Einverleibungen der Geist allmählig seine Unreinheiten abgelegt hat und sich durch die Arbeit vervollkommnet, so gelangt er ans Ende seiner körperlichen Existenzen. Dann gehört er der Klasse der *reinen Geister oder Engel* an und genießt zugleich die vollkommene Anschauung Gottes und ein ungetrübtes und ewiges Glück.

28. Da die Menschen zur Buße auf der Erde sind, hat Gott, als ein guter Vater, sie nicht sich selbst ohne Führer überlassen. Zuerst haben sie ihre Schutzgeister oder ihre Schutzengel, welche über sie wachen und sich bemühen, sie auf den guten Weg zu führen. Sie haben ferner die Geister, welche auf der Erde eine Mission haben, erhabene Geister, welche sich von Zeit zu Zeit unter ihnen einverleiben, um durch ihr Wirken den Weg zu beleuchten und die Menschheit zum Vorrücken zu bewegen.

Obwohl Gott sein Gesetz in das Gewissen eingeprägt hat, hat er es für gut befunden, dieses auf eine ausdrückliche Art zu formulieren: er sandte ihnen zuerst Moses; aber die Gesetze Mose waren für die Menschen seiner Zeit angemessen, er sprach zu ihnen nur vom irdischen Leben, von den zeitlichen Strafen und Belohnungen. Christus ist nachher gekommen, um durch eine höhere Lehre das Gesetz Mose zu vervollständigen: die Mehrheit der Existenzen*, das geistige Leben, die moralischen Strafen und Belohnungen. Moses leitete die Menschendurch die Furcht - Christus durch die Liebe zu Gott und ihren Nächsten.

29. Der Spiritismus ist die dritte auffallende Kundgebung der Macht und Güte Gottes; er beweist die Zukunft durch klare Tatsachen, er sagt mit klaren und unzweideutigen Worten das, was Christus in Parabeln sagte, er erklärt die unbekannten oder falsch gedeuteten Wahrheiten, er entschleiert die Existenz der unsichtbaren Welt oder Geisterwelt und weiht den Menschen in die Geheimnisse des Zukünftigen ein; er kommt, den Materialismus zu bekämpfen, welcher eine Empörung gegen die Macht Gottes ist, er kommt endlich, um unter den Menschen die Herrschaft der Nächstenliebe und der von Christus angekündigten Solidarität zu begründen. Moses hat geackert - Christus hat gesät - der Spiritismus kommt zu ernten.

---

* Evang. Matthäus - 17. Kap, Vers 10 ff ; Johannes - 3. Kap, Vers 3 ff.

30. Der Spiritismus ist kein neues Licht, wohl aber ein helleres, weil es an allen Punkten der Erde durch die Stimme derjenigen, welche gelebt haben, aufleuchtet. Indem er das klar macht, was dunkel war, setzt er den irrtümlichen Auslegungen ein Ende und wird die Menschen zu ein und demselben Glauben vereinigen, weil es nur einen einzigen Gott gibt, und weil seine Gesetze für alle dieselben sind. Er kennzeichnet endlich den Anfang der von Christus und den Propheten angekündigten Zeiten.

31. Die Übel, welche die Menschen auf der Erde betrüben, haben als Urgrund den Hochmut, den Egoismus und alle schlechten Leidenschaften. Durch den gegenseitigen Einfluss ihrer Laster *machen sich die Menschen gegenseitig unglücklich und bestrafen einander. Möge die Nächstenliebe und Demut den Egoismus und Hochmut ersetzen,* dann werden die Menschen nicht mehr danach trachten, anderen zu schaden; sie werden die Rechte eines jeden achten und werden unter sich Eintracht und Gerechtigkeit herrschen lassen.

32. Aber wie kann man den Egoismus und den Hochmut vernichten, welche dem Herzen des Menschen angeboren scheinen? Egoismus und Hochmut sind in den Herzen der Menschen, weil die Menschen Geister sind, welche von Anfang an dem Weg des Bösen gefolgt sind, und welche als Strafe für eben dieselben Laster auf die Erde verbannt worden sind. Auch da ist es die Erbsünde, welche viele noch nicht abgelegt haben. Durch den Spiritismus macht Gott einen letzten Aufruf zur Ausübung des Gesetzes, welches Christus gelehrt hat: ein Gesetz der Liebe zu Gott und zu den Menschen.

33. Da die Erde in der angezeigten Zeit angelangt ist, um ein Aufenthaltsort des Glücks und des Friedens zu werden, so will Gott nicht, dass die bösen einverleibten Geister fortfahren, die Verwirrung zum Nachteil der guten aufrechtzuerhalten; deshalb werden sie verschwinden müssen. Sie werden in weniger vorgerückten Welten ihre Hartnäckigkeit sühnen, wo sie von neuem in einer Reihe von unglücklicheren und mühsameren Existenzen als auf der Erde an ihrer Vervollkommnung arbeiten werden.

Sie werden auf diesen Welten eine neue aufgeklärte Rasse bilden, deren Aufgabe es sein wird, die minder vorgerückten Wesen, welche dieselben bewohnen, mit Hilfe ihrer erworbenen Kenntnisse fortschreiten zu lassen. Sie werden diese Welten nur dann für eine bessere verlassen, wenn sie es verdient haben und so fort, bis sie ihre vollkommene Reinigung erreicht haben. Wenn die Erde für sie ein Fege-feuer war, so werden diese Welten für sie die Hölle sein, aber eine, wo die Hoffnung nie verbannt wird.

34. Während die verbannte Generation schnell verschwinden wird, erhebt sich eine neue Generation, deren Glaubensbekenntnisse auf dem christlichen Spiritismus begründet sein werden. Wir wohnen der Übergangszeit bei, einem Vorspiel zu der moralischen Erneuerung, von der der Spiritismus die Ankunft kennzeichnet.

GRUNDSÄTZE AUS DER LEHRE DER GEISTER

35. Der wesentliche Zweck des Spiritismus ist die Verbesserung der Menschen; man soll darin nur das suchen, was dem moralischen und intellektuellen Fortschritt helfen kann.

36. Der wahre Spiritist ist nicht derjenige, welcher den Äußerungen Gehör schenkt, sondern der, welcher die Lehre der Geister ausführt. Es hilft uns nichts, nur zu glauben, wenn der Glaube uns nicht einen Schritt vorwärts auf dem Weg des Fortschritts machen lässt und uns für unseren Nächsten nicht besser macht.

37. Egoismus, Hochmut, Eitelkeit, Ehrgeiz, Habsucht, Hass, Neid, Eifersucht, Verleumdung sind für die Seele giftige Pflanzen, von denen man täglich einige Halme ausreißen muss und welche als Gegengift *Nächstenliebe und Demut* haben.

38. Der Glaube an den Spiritismus nützt nur dem, von dem man sagen kann: heute ist er besser als gestern.

39. Die Wichtigkeit, welche der Mensch den zeitlichen Gütern beimisst, steht im entgegengesetzten Verhältnis zu seinem Glauben an das geistige Leben; der Zweifel an die Zukunft ist es, der ihn antreibt, die Befriedigung seiner Leidenschaften, seine Freude in dieser Welt zu suchen, wäre es auch auf Kosten seines Nächsten.

40. Die Betrübnisse auf Erden sind die Heilmittel der Seele; sie retten sie für die Zukunft, wie eine schmerzhafte chirurgische Operation das Leben eines Kranken rettet und ihm die Gesundheit wiedergibt. Deswegen hat Christus gesagt: „Glücklich sind die Betrübten, denn sie werden getröstet werden."

41. In eurer Betrübnis blickt unter euch und nicht über euch; denkt an diejenigen, die noch mehr leiden als ihr.

42. Verzweiflung ist bei dem natürlich, welcher glaubt, dass alles mit dem Leben des Körpers endet; sie ist aber barer Unsinn für den, der Zutrauen in die Zukunft setzt.

43. Der Mensch ist oft auf Erden der Urheber seines eigenen Unglücks; er kehre lieber zur Quelle seiner Missgeschicke zurück, und er wird sehen, dass sie meistens nur die Folge seiner Unvorsichtigkeit, seines Hochmuts und seiner Habgier und folglich seiner Übertretung der Gesetze Gottes sind.

44. Das Gebet ist ein Akt der Anbetung. Zu Gott beten heißt, an ihn denken, sich ihm nähern, mit ihm in Kontakt treten.

45. Derjenige, welcher inbrünstig und mit Zutrauen betet, ist gegen die Versuchungen des Übels stärker, und Gott schickt ihm gute Geister, um ihm beizustehen; es ist eine Hilfe, welche nie versagt ist, wenn sie mit Aufrichtigkeit verlangt wird.

46. Das Wesentliche ist nicht viel zu beten, sondern gut zu beten. Gewisse Leute glauben, dass der ganze Verdienst in der Länge des Gebets liegt, während sie bei ihren eigenen Fehlern ihre Augen schließen. Das Gebet ist für sie eine Beschäftigung, ein Zeitvertreib, aber nicht eine Durchforschung ihres eigenen Wesens.

47. Derjenige, welcher Gott um die Verzeihung seiner Fehler bittet, erlangt sie nur dann, wenn er sein Betragen ändert. Die guten Handlungen sind das beste Gebet; denn die Taten gelten mehr als die Worte.

48. Das Gebet wird von allen guten Geistern empfohlen. Es wird überdies von allen unvollkommenen Geistern als Hilfsmittel gewünscht, um ihre Leiden zu erleichtern.

49. Das Gebet kann nicht die Beschlüsse der Vorsehung ändern, aber wenn die leidenden Geister sehen, dass man an ihrem Schicksal Anteil nimmt, fühlen sie sich weniger verlassen, sie werden weniger unglücklich; das Gebet ermuntert sie, erweckt in ihnen den Wunsch, sich durch Reue und Aussöhnung zu erheben und es kann sie von Gedanken an das Übel abwenden. In diesem Sinn kann es ihre Leiden nicht nur erleichtern, sondern auch abkürzen.

50. Bete jeder nach seiner Überzeugung und nach der Art, wie er es am passendsten findet, denn die Form ist nichts, der Gedanke alles; die Aufrichtigkeit und Reinheit des Beweggrundes ist das Wesentliche. Ein guter Gedanke ist mehr wert als zahlreiche Worte, welche dem Lärm einer Mühle ähnlich sind und nicht von Herzen kommen.

51. Gott hat starke und mächtige Menschen gemacht, damit sie die Stütze der Schwachen seien. Der Mächtige, welcher den Schwachen unterdrückt, ist von Gott verdammt. Er bekommt oft die Strafe dafür in diesem Leben, ohne der Zukunft vorzugreifen.

52. Reichtum ist ein anvertrautes Gut, dessen Besitzer nichts als der Nutznießer ist, *da er es nicht mit sich ins Grab nimmt*; er wird eine strenge Rechnung von dem Gebrauch ablegen müssen, welchen er davon gemacht hat.

53. Ein Vermögen gibt eine gefährlichere Prüfung als die Armut, weil es eine Versuchung zum Missbrauch und zu Ausschweifungen ist, und weil es schwerer ist, mäßig zu sein als ergeben.

54. Der Ehrgeizige, welcher stolziert und der Reiche, welcher sich an materiellen Genüssen weidet, sind mehr zu bedauern als zu beneiden; denn man muss die Kehrseite berücksichtigen. Durch die schrecklichen Beispiele von denjenigen, welche gelebt haben und welche kommen, um uns ihr Schicksal zu entschleiern, zeigt der Spiritismus die Wahrheit des Wortes Christi: „Wer sich erhöht wird erniedrigt, und wer sich erniedrigt wird erhöht werden."

55. Die Nächstenliebe ist das höchste Gesetz Christi: „Liebet einander wie Brüder; - liebet euren Nächsten, wie euch selbst; - verzeiht euren Feinden; - tut nicht einem anderen, was ihr nicht wollt, dass man euch tue", all dieses wird in das Wort *Nächstenliebe* gefasst.

56. Die christliche Liebe besteht nicht allein in Almosen, denn es gibt ein Christenliebe in Gedanken, Worten und Handlungen. Derjenige übt die christliche Liebe in Gedanken, welcher nachsichtig mit den Fehlern seines Nächsten ist; -in Worten, welcher nichts sagt, was seinem Nächsten schaden kann; - in Handlungen, welcher seinem Nächsten gemäß seinen Kräften beisteht.

57. Der Arme, welcher sein Stück Brot mit einem Ärmeren teilt, als er es ist, übt die christliche Liebe besser und hat mehr Verdienst in den Augen Gottes als derjenige, welcher von seinem Überfluss gibt, ohne sich etwas zu versagen.

58. Wer gegen seinen Nächsten Gefühle der Erbitterung, des Hasses, der Eifersucht und des Grolls nährt, unterlässt die Christenliebe; er lügt, wenn er sich als einen Christen bezeichnet und er beleidigt damit Gott.

59. Ihr Menschen aller Kasten, aller Sekten und aller Farben, ihr seid alle Brüder; denn Gott ruft euch alle zu sich. Reicht euch also die Hand, wie auch eure Art sei ihn anzubeten und flucht nicht gegeneinander; denn der Fluch ist die Übertretung des Gesetzes der Liebe, welches Christus verkündete.

60. Aufgrund ihres Egoismus sind die Menschen immer in fortwährendem Streit; mit der Nächstenliebe werden sie im Frieden leben. Allein die Nächstenliebe kann also, indem sie die Grundlage ihrer Institutionen bildet, ihr Glück in dieser Welt fördern; nach den Wor-

ten Christi kann sie allein auch ihr künftiges Glück sichern, denn sie enthält in sich alle Tugenden, welche die Menschen zur Vervollkommnung führen können. Mit der wahren Nächstenliebe, wie Christus sie gelehrt und geübt hat, gibt es keinen Egoismus, keinen Hochmut, keinen Hass, keine Eifersucht, keine Verleumdung mehr, wie auch keinen übertriebenen Hang zu den Gütern dieser Welt. Deswegen trägt der *christliche Spiritismus als Motto:* ***„Ohne Nächstenliebe kein Heil."***

Ungläubige! Ihr könnt über die Geister lachen, über diejenigen spotten, welche an ihre Kundgebungen glauben; lacht nur, wenn ihr es wagt, über diesen Grundsatz, den sie lehren und der euer eigener Schutz ist; wenn die christliche Liebe von der Erde verschwände, würden die Menschen sich untereinander zerreißen, und ihr würdet vielleicht die ersten Opfer davon sein. Die Zeit ist nicht weit, wo dieser Lehrsatz im Namen der Geister veröffentlicht wird und ein Pfand der Sicherheit und ein Titel auf das Vertrauen in all denjenigen sein wird, die ihn in ihrem Herzen eingeprägt tragen.

Ein Geist hat gesagt: „Man hat sich über das Tischrücken lustig gemacht, man wird aber nie die Philosophie und die Moral bespotten, welche daraus entstehen." Wir sind heutzutage, nach wenigen Jahren, in der Tat weit entfernt von diesen Phänomenen, welche einen Augenblick den Müßigen und Neugierigen als Zerstreuung gedient haben. Diese Moral, sagt ihr, ist veraltet: „Die Geister sollten doch genug Geist haben, um uns etwas Neues zu geben." (Ein geistreiches Wort von mehr als einem Kritiker) Desto besser, wenn sie veraltet ist! Das beweist, dass sie aus alten Zeiten ist, und die Menschen sind umso strafbarer, sie nicht ausgeübt zu haben, denn nur wahre Wahrheiten sind ewig. Der Spiritismus kommt, um die Menschen daran zu erinnern, und zwar nicht durch die alleinige Offenbarung eines einzigen Menschen, sondern durch die Stimme der Geister selbst, welche wie die Posaune des jüngsten Gerichts ihnen zuruft: „Glaubt uns, dass diejenigen, welche ihr *tot* nennt, lebendiger sind als ihr, denn sie sehen, was ihr nicht seht, und hören, was ihr nicht hört; erkennt in denen, welche kommen, um mit euch zu sprechen, eure Eltern, Verwandte, Freunde und alle, die ihr auf Erden geliebt habt, und die ihr ohne Rückkehr verloren glaubtet.

Wehe denjenigen, welche glauben, dass alles mit dem Körper endet, denn sie werden grausam enttäuscht werden! Wehe denjenigen, welche die

Nächstenliebe unterlassen haben, denn sie werden das erleiden, was sie die anderen erleiden lassen haben! Hört die Stimme derer, die leiden, und die zu euch kommen, um zu sagen: „Wir leiden, weil wir die Macht Gottes verkannt und an seiner unendlichen Barmherzigkeit gezweifelt haben; wir leiden für unseren Hochmut, unseren Egoismus, unseren Geiz und alle schlechten Leidenschaften, welche wir nicht zu unterdrücken wussten; wir leiden für das ganze Übel, welches wir unseren Nächsten durch die Vernachlässigung des Gesetzes der Nächstenliebe getan haben."

Ungläubige! Sagt, ob eine Lehre lächerlich ist, welche solches lehrt, ob sie gut oder schlecht ist. Wenn ihr sie nur vom Standpunkt der gesellschaftlichen Ordnung betrachtet, sagt, ob die Menschen, die sie ausüben würden, glücklich oder unglücklich, besser oder schlechter wären!

Allan Kardec Studien- und Arbeitsgruppe e.V. - A L K A S T A R

Wer heute Berichterstattungen von Fernsehen, Rundfunk und Presse aufmerksam verfolgt und dabei Veröffentlichungen aus dem Gesundheitswesen beachtet, der hört und liest immer wieder von psychosomatisch erkrankten Menschen, die als therapieresistent gelten. Selbst aus ärztlichen Fachkreisen bekommen die Betroffenen nur die schlichte Anweisung: >Sie müssen lernen mit diesem Phänomen zu leben.< Einige dieser Phänomene sind Angst, Depression, auch Sucht ganz allgemein und außergewöhnliche Sensibilität, wie beispielsweise das Hellfühlen, Hellhören und Hellsehen. Therapeutische Fachkreise schätzen allein die Zahl der Stimmenhörer in Deutschland auf weit mehr als eine Million. Viele dieser betroffenen Menschen empfinden so ein Phänomen wie eine Fremdbeeinflussung, die sie ganz erheblich in ihrem Wohlbefinden stört.

Sind diese Menschen nun wirklich alle krank? Gehören sie hinter die Mauern einer psychiatrischen Anstalt? Oder sind sie einfach nur ungewöhnlich sensibel? Hat unsere Gesellschaft, haben unsere Fachleute deshalb keine geeignete Therapie oder Hilfeleistung mehr anzubieten, weil wir auf dem medizinisch-technischen Gebiet, auf dem körperlichen, rein materiellen Bereich schon zu weit fortgeschritten sind bis zu einem Punkt, wo die Seele, der Geist des Menschen keine Beachtung mehr findet? Der Mensch ist doch bekanntlich eine Einheit aus Körper-Seele-Geist.

Der amerikanische Psychologen Stanley Krippner stellte 1982 auf einem Kongress in Österreich nicht-medizinische, natürliche Heilweisen vor. Hier präsentierte das Ehepaar Marinho ein seit weit über 60 Jahren in Brasilien straff organisiertes Hilfeangebot für sensible Menschen:

Mediumistisches Heilen

In Brasilien ist das eine sehr bekannte Form geistigen Heilens, die auch in Therapeutenkreisen sehr verbreitet ist und als Unterstützung zur konventionellen Therapie genutzt wird. Speziell bei psychosomatischen Störungen, wenn herkömmliche Methoden zu versagen scheinen, wird diese Form des Heilens zusätzlich bei Hilfesuchenden oft sehr erfolgreich angewandt.

Mediumistisches Heilen hat tiefe Wurzeln in ur-christlichen Überlieferungen und basiert auf dem Glauben an die Unsterblichkeit der Seele - des Geistes und auf dem allgemeinen Gesetz von Ursache und Wirkung. Viele namhafte Größen der Geschichte haben sich zur Wiedergeburt, zur Reinkarnation bekannt, die bis zum Konzil zu Konstantinopel im Jahr 553 auch einmal Bestandteil der christlichen

Religion war. Zu diesen Größen gehörte auch der französische Professor Hippolythe Leon Denizard Rivail (1804-1869), bekannt unter dem Pseudonym **Allan Kardec.** Seine Erkenntnisse und Lehren sind noch immer die Basis in der brasilianischen Medienschule

Federação Espírita do Estado de São Paulo

Hier werden unter diesem Aspekt der Wiedergeburt - der Reinkarnation mit der Technik des Mediumistischen Heilens täglich etwa 8000 Hilfesuchende behandelt.

Funktioniert das nur in Brasilien? Die Wirkung dieser Therapieform ist nach Erkenntnis einer mittlerweile in Deutschland etablierten und weit über die Grenzen hinaus wirkenden Studien- und Arbeitsgruppe auf keinen Kulturkreis und auf keine Glaubenszugehörigkeit beschränkt. Schließlich geht das Basiswissen dieser Methode auf europäisches Kulturgut zurück, das es jetzt gilt, wieder zu entdecken, weiter zu erforschen und zum physischen und psychischen Wohl von sensiblen, medial begabten Menschen nutzbringend einzusetzen. Sensible und medial begabte Menschen sollten keine Außenseiter in unserer Gesellschaft sein, ihre ungewöhnliche Sensibilität sollte nicht länger generell als Krankheitsbild gewertet und die Psychiatrie nicht generell als ihr Zuhause bestimmt werden. Therapieresistenz ist nicht in allen Fällen etwas Unabwendbares.

ALKASTAR hat den Zweck, Anlaufstelle für sensitive, spirituell offene und interessierte Menschen zu sein, um hier zunächst einmal fundierte sachliche Informationen, eine andere Sichtweise, eine zusätzliche Orientierung zu bekommen. Die Betonung liegt hier auf nichtmedizinischen Möglichkeiten als Ergänzung zu herkömmlichen, schulmedizinischen Methoden.

ALKASTAR erstrebt eine gleichberechtigte Zusammenarbeit und Partnerschaft von sensitiven und medialen Menschen, deren Angehörigen und Freunden, spirituell offenen und interessierten, in psychiatrischer oder psychotherapeutischer Praxis und Forschung Tätigen.

ALKASTAR nimmt sich hilfesuchender sensibler, medial begabter Menschen an, die sich durch Fremdeinfluss in ihrem Wohlbefinden erheblich gestört fühlen.

EARTH OASIS – REISEN ZUR ESSENZ

SEMINARE, EVENTS UND KONGRESSE IN DEUTSCHLAND
Erleben Sie führende Heiler, Schamanen und Seminarleiter aus aller Welt!

Beispiel:
Die Deutschen Geistheilungstage mit Joao de Deus

Nachdem das Bundesverfassungsgericht im März 2004 Geistige Heilung auch für nicht dem Ärztestand angehörende Heiler legalisierte, wurden die bisherigen Besuche von Joao de Deus, dem wohl bedeutsamsten Heiler der Gegenwart, zu den größten Heilungsevents, die je hierzulande stattfanden. Das begnadete Medium Joao berührte die Herzen Tausender Menschen und initiierte viele Heilungen.

Nach der Devise „Wer heilt, hat recht", schenken immer mehr Menschen auch alternativen Heilmethoden ihr Vertrauen – spätestens dann, wenn ihnen die Schulmedizin nicht mehr helfen kann. Nunmehr hat Geistheilung alles Potenzial, sich zu einem bedeutsamen dritten Bereich in einem Gesundheitssystem zu entwickkeln, das sich noch immer zu einseitig auf die zu bekämpfende Krankheit fokussiert und deshalb zunehmend auf die Nicht-Finanzierbarkeit zusteuert. Wir alle sind gefordert, eine neue inspirierende Vision tiefer Lebensfreude und damit einhergehender nachhaltiger Gesundheit zu entwickeln.

EARTH OASIS – REISEN ZUR ESSENZ

GANZHEITLICH-SPIRITUELLE REISEN IN ALLE WELT

Begleiten Sie uns in 36 wundervolle Länder dieser Erde!

Unsere Themen:

Heilung und Gesundheit
Ganzheitliche Wellness
   und Entspannung
Authentische Ayurveda-
   und TCM-Kuren
Schamanische-, Pilger-
   und Zeremonialreisen
Wüstenretreats
   und Visionssuchen
Selbsterfahrungs-
   und Seminarurlaub
Meditations- und Wohlfühlferien
Erlebnisreisen „Sensitiv"
Kreativität und Kultur
Entdeckung und Begegnung
Trekking und Wandern,
   u.a.

Unser Leitmotiv „Reisen zur Essenz" bedeutet für uns: Die Organisation von Reisen und Seminaren an kraftvollen heilenden Orten dieser Erde. Für Menschen, die innere und äußere Schönheit suchen, inneren wie äußeren Reichtum schätzen. Und dabei sich selbst und Andere tiefer kennen lernen wollen.

Das Buch der Wunder
Die Heilungsarbeit von Joao de Deus

ISBN 3-89539-478-5

Zum Inhalt: Das berührende „Buch der Wunder" der amerikanischen Autorin und Psychotherapeutin Josie Raven Wing berichtet von den alltäglichen Wunderheilungen in der Casa de Dom Inacio, dem „spirituellen Hospital" von Joao de Deus im Zentrum Brasiliens. Während der letzten vier Jahrzehnte hat Medium Joao Millionen Heilungssuchende behandelt! Durch seine Arbeit konnten zahllose Menschen mit Krankheiten jeglicher Art geheilt werden.

Dieses Buch ist voller Inspiration und Hoffnung; es ist unbedingt Allen zu empfehlen, welche die Kunst des Heilens erforschen wollen oder selbst Heilung suchen.

Die Autorin: Die international anerkannte Autorin **Josie Raven Wing,** Master of Arts (MA), Familien- und Psychotherapeutin, ist eine Pionierin auf dem Gebiet der ganzheitlichen Heilung. Sie integriert westliche Theorien mit multikulturellen und spirituellen Heilungsmethoden. Sie unterrichtet an Universitäten, leitet Workshops in den USA und im Ausland und ist noch Autorin der Bücher „Die Rückkehr des Geistes" und „Die Jahreszeit der Adler".

Der Wunderheiler
Die Lebensgeschichte von Joao de Deus

Zum Inhalt: Das faszinierende Buch „Der Wunderheiler – Die Lebensgeschichte von Joao de Deus" des australischen Autors Robert Pellegrino-Estrich zeichnet das phantastische Bild eines der grössten Heilungsphänomene unserer Zeit. Wenn Menschen, die völlig gelähmt waren, aus ihren Rollstühlen aufstehen und Blinde ihr Augenlicht wiederbekommen, stellt dies unsere herkömmliche Sicht der Realität vollkommen in Frage. Die Geschichten von Joao de Deus rütteln am allgemeinen Glauben und wecken uralte Erinnerungen, die nur zu wahr klingen: dass mit Liebe alles möglich ist.

ISBN 3-8334-1654-8

Der Autor: Einst erfolgreicher Geschäftsmann in Australien, wurde **Robert Pellegrino** 1995 durch einen Traum zur Casa de Dom Inacio geführt. Was er dort sah, sollte sein Leben für immer verändern – viele „hoffnungslose Fälle" wurden in dieser Zufluchtsstätte behandelt und geniessen jetzt ein gesundes und aktives Leben. Er selbst erfuhr Heilung von chronischem Asthma.

Der Autor bemüht sich, die theoretischen Grundlagen zu erklären, die hinter diesen erstaunlichen Wundern stecken. Er zeigt auf, dass Joao de Deus der lebendige Beweis der Fähigkeit der Menschheit ist, Ressourcen der Heilung anzuzapfen, die von der modernen Wissenschaft erst noch zu entdecken sind.

Die Magie des Amazonas

Die Lebensgeschichte des Schamanen Don Agustin Rivas Vasquez

ISBN 3-89539-479-3

Zum Inhalt: Diese faszinierende und ergreifende Biographie des höchstrangigen peruanischen Schamanen und Ayahuasquero Don Agustin Rivas Vasquez ist voller Geheimnisse, Gerüche, Geräusche und einer Realität, die weit über unseren Erfahrungshorizont hinausreicht. Don Agustin ist ein vielschichtiger, charismatischer Charakter, der den Leser an Castaneda erinnert. Im Geiste anderer Biographien großer spiritueller Führer und Lehrer beschreibt „Magie des Amazonas" das Leben eines Mannes, seiner Kultur und seines Territoriums – den Amazonas. Durch das Lesen bleiben wir mit einem Gefühl von Verantwortung, Demut und Wunder zurück.

Die Autorin: Jaya Bear, Frau des verstorbenen bekannten Indianerhäuptlings Sun Bear, lebt heute in New Mexico und ist als Autorin, Künstlerin, Unternehmerin und Organisatorin von Workshops und Reisen tätig. Mit dem vorliegenden Buch ist es Jaya gelungen, ein fesselndes ethnisches Dokument zu erschaffen, das die Sicht eines Insiders in die Welt des Schamanismus im Amazonas enthüllt. Jaya Bear portraitiert die geistige Welt der Natur durch die Wärme und das Wissen von Don Agustin Rivas, nahe einer Realität, die wir alle verstehen können.

Joao de Deus
Das Phänomen von Abadiania

ISBN 3-89539-480-7

Zum Inhalt: Bereits 1994 hat der bestens qualifizierte Autor Jose Liberato Costa Povoa diese präzise, gut verständliche Darstellung über das „Phänomen von Abadiania" verfasst, die von seiner intimen Kenntnis der Vorgänge in der Casa de Dom Inacio zeugt. Ehe in späteren Jahren faszinierte ausländische Besucher Bücher über die Heilungsarbeit von Joao de Deus verfassten und in ihren Heimatländern veröffentlichten, entstand mit diesem Buch ein authentisches Dokument, das auch 10 Jahre nach Erscheinen nichts von seiner Klarheit und geistigen Brillianz verloren hat.

Der Autor: Jose Liberato Costa Povoa kann auf einen ebenso umfangreichen wie qualifizierten Lebenslauf verweisen. Er genießt in Brasilien einen exzellenten Ruf als Jurist und ist Autor von insgesamt mehr als 20 Büchern. Er war Gründer und erster Präsident des Schriftstellerverbandes seines Heimatstaates und bekleidete verschiedene hohe Ämter in der Zentralregierung in Brasilia. Liberato Povoa war ebenfalls Vizepräsident und Präsident des Gerichtshofs wie auch Gouverneur seines Bundesstaates Tocantins.

Paranormale Heilungen
durch Joao Teixeira de Farias

JOÃO DE DEUS

DIE VON
JOÃO TEIXEIRA DE FARIAS
VOLLBRACHTEN
PARANORMALEN HEILUNGEN

Alfredina Arlete Savaris

EDITION Heiler dieser Erde

ISBN 3-89539-481-5

Zum Inhalt: Diese alle wissenschaftlichen Kriterien erfüllende, dennoch spannend und gut lesbar geschriebene Doktorarbeit sollte endgültig Jene überzeugen, die noch immer Zweifel an der Existenz paranormaler Heilung haben. Wenn über 90 % der befragten 500 Besucher der „Casa de Dom Inacio" an das Medium und die Wirksamkeit seiner Arbeit glauben und Menschen kennen, die durch die Einwirkung von Joao de Deus und den durch ihn arbeitenden Geistwesen Linderung bzw. Heilung erfahren haben, dann sind dies Ergebnisse, die an Eindeutigkeit kaum zu überbieten sind.

Die Autorin: Alfredina Arlete Savaris verfasste diese Doktorarbeit 1997 in ihren Studien zur Erforschung des menschlichen Bewusstseins an der Fakultät für Biophysische Wissenschaften der Universität Dr. Bezerra de Menezes von Parana, Brasilien.

Die Kraft zu heilen

Ein klarer, kompakter und umfassender Führer in Energie Heilen

DIE KRAFT ZU HEILEN

EIN KLARER, KOMPAKTER UND UMFASSENDER FÜHRER IN ENERGIE HEILEN

Robert Pellegrino Estrich

Aus dem Englischen von Mario Reinhardt

EDITION Heiler dieser Erde

ISBN 3-89539-482-3

Zum Inhalt: In umfassender, dennoch kompakter Weise eröffnet Robert Pellegrino-Estrich dem Leser einen Zugang zu Heilmethoden die so alt sind wie die Menschheit, jedoch durch die moderne Medizin verdrängt wurden und teils in Vergessenheit gerieten. Der Autor untermauert seine Angaben mit eigenen Erfahrungsberichten und wissenschaftlichen Belegen. Kaum ein Thema welches er nicht kompetent behandelt, sei es Krankheit, Karma, Energien, Chakren, Geisthelfer oder Medien – was passiert, warum passiert es, wie passiert es? Für jeden verständlich geschrieben, mit leichtem Zugriff auf Fakten, hilfreich für Neulinge und ebenso für Menschen die schon als Heiler tätig sind oder tätig werden wollen. Ein unverzichtbares Grundlagenwerk zu den Themen „spirituelles Heilen" und „Heilen durch Energien".

Der Autor: Robert Pellegrino-Estrich, bekannt durch sein Buch „Der Wunderheiler – die Lebensgeschichte von Joao de Deus", welches Leben und Wirken des wohl bedeutsamsten Heilmediums unserer Zeit beschreibt, hat sein Wissen durch seine Mithilfe bei verschiedenen Heilern in der ganzen Welt gesammelt. Er arbeitet seit vielen Jahren mit Joao de Deus in Brasilien zusammen und auch seine Frau Catarina ist eine hervorragende Heilerin mit über 25 Jahren Erfahrung. Robert selbst wurde von Joao de Deus von Asthma geheilt und war Zeuge unzähliger Heilungen jeglicher Art.